Nutrición en equilibrio

Carbohidratos

Recetas balanceadas e información vital para su salud

GRUPO EDITORIAL norma

Copyright © MNR Comunicaciones
Proyectos Editoriales Ltda.

Copyright © 2008 para el mundo de habla hispana por
Editorial Norma S.A.
Avenida El Dorado # 90-10
Bogotá, Colombia
www.librerianorma.com

Reservados todos los derechos.
Prohibida la reproducción parcial o total
de este libro, por cualquier medio,
sin permiso escrito de la editorial y el autor.

ISBN: 978-958-45-1411-0

Impreso por: Editora Géminis Ltda.
Impreso en Colombia - Printed in Colombia
Septiembre de 2008

AUTOR

mnr comunicaciones
PROYECTOS EDITORIALES

Libro editado y producido en Colombia por:
MNR Comunicaciones Proyectos Editoriales Ltda.
mnr@mnr-comunicaciones.com

María Lía Neira Restrepo
Dirección gráfica y editorial

Fotografía: Jorge González G.
Asesoría científica: nutricionistas Gilma Olaya
y Martha Lucía Borrero
Redacción de textos: Zandra Quintero O.
Recetas y preparación: cocinera Juanita Umaña
Producción y ambientación: Catalina Ochoa O.
Coordinación editorial: Luisa Fernanda Arango C.
Diagramación: Julio C. Sandoval Bernal
Corrección de estilo: César Tulio Puerta

Nota del editor:
El contenido de este libro se basa en información suministrada por
personas especializadas en nutrición y salud. La decisión de poner en
práctica las recomendaciones que aquí se dan debe ser tomada por el
lector bajo su responsabilidad; se recomienda que si tiene alguna duda
consulte a su médico.

Colaboraron para la producción de este libro:
BB&B Tels. 629 8045 – 629 8046
DISTRIHOGAR Tel. 213 6767
OPORTO MESA Y COCINA Tels. 296 7546 – 629 3063
Bogotá, Colombia.

Contenido

CARBOHIDRATOS, nuestra fuente de energía — 4

CARBOHIDRATOS SIMPLES,
con toda la dulzura — 8

ENDULZANTES, muchas opciones en la naturaleza — 12
Mermeladas de fruta — 14
Chutney de mango y piña — 16
Pie de naranja con virutas de coco — 18

MIEL DE ABEJAS, de las flores a la cocina — 20
Pollo a la parrilla con salsa de mostaza y miel — 22
Tres aderezos con miel — 24
Turrón casero — 26

REMOLACHA, dulzura fucsia — 28
Sopa de remolacha fría — 30
Ceviche de vieiras con vinagreta de remolacha — 32
Muffins de remolacha con cocoa — 34

CARBOHIDRATOS COMPLEJOS,
energía almacenada — 36

PASTA, la gran favorita — 40
Pasta con vegetales al estragón — 42
Penne con salsa de tomate y carne — 44
Ensalada de pasta con mayonesa de curri — 46

ARROZ, el que siempre está en la mesa — 48
Arroz al wok con camarones — 50
Croquetas de arroz con queso — 52
Ensalada de arroz con albaricoques — 54

PAPA, muchas variedades y beneficios — 56
Croquetas de papa con variedad de nueces — 58
Cáscaras de papa rellenas — 60
Sopa de papa y puerro — 62

GLOSARIO — 64

Podemos estudiar, trabajar, caminar y hasta dormir o respirar gracias a que los órganos desempeñan de un modo correcto sus funciones. Pero para que sean posibles, el organismo demanda un flujo constante de combustible, que internamente se transforma en energía. Esa energía, necesaria para vivir, se obtiene de los alimentos, sobre todo de aquellos que aportan carbohidratos, que son la fuente principal de combustible para el cuerpo humano.

Carbohidratos

CARBOHIDRATOS, nuestra fuente de energía

¿QUÉ SON LOS CARBOHIDRATOS?

Los carbohidratos se consideran indispensables en la alimentación ya que constituyen la fuente de energía más importante para la preservación de la vida humana. Los alimentos que proveen carbohidratos son la base de la alimentación diaria en muchas partes del mundo: el arroz en el sur de Asia, el trigo en Europa, la papa en Suramérica y el maíz en toda América.

Estos compuestos se forman en las plantas a través de la fotosíntesis, proceso por el cual toman gas carbónico del aire, agua del suelo y energía del sol. Como su nombre lo indica, los carbohidratos son sustancias orgánicas constituidas por moléculas de carbono, hidrógeno y oxígeno. El hidrógeno y el oxígeno se encuentran en la misma proporción que en el agua (H_2O), de donde deriva su denominación como hidratos de carbono.

Los carbohidratos constituyen una gran variedad de estructuras diferentes que determinan múltiples efectos fisiológicos en el cuerpo y –de acuerdo con el número de unidades o moléculas de carbono, hidrógeno y oxígeno que forman su estructura química– se clasifican en simples y complejos. Los **carbohidratos simples o azúcares** están constituidos por monosacáridos (formados por una molécula de carbohidratos) y por disacáridos (conformados por dos moléculas). Los **carbohidratos complejos** se encuentran compuestos por los almidones (constituidos por más de diez monosacáridos) y la fibra dietaria, que no contiene almidón.

CLASIFICACIÓN ESTRUCTURAL DE LOS CARBOHIDRATOS

Carbohidratos simples o azúcares: se encuentran en las frutas, la miel de abejas, la caña de azúcar y sus derivados.

Carbohidratos complejos o almidones: se presentan en alimentos como el arroz, la papa, el plátano o la yuca, entre otros.

Carbohidratos complejos sin almidón: representados por los cereales integrales y sus productos derivados.

Nutrición en equilibrio

¿Para qué sirven los carbohidratos?

Por medio de los carbohidratos se obtiene la glucosa, que el organismo usa como fuente instantánea de energía o para transformarla en glucógeno y que almacena para utilizarlo cuando resulte necesario. La glucosa es alimento para todas las funciones cerebrales –desde la memoria hasta el aprendizaje–; para los glóbulos rojos y el sistema nervioso, y para el feto y la placenta durante la gestación. Por eso, cuando existe un déficit prolongado de carbohidratos, las personas pueden sufrir falta de concentración, dolores de cabeza y un estado de debilidad general. Así mismo, los carbohidratos protegen a las proteínas y la grasa muscular. Cuando faltan carbohidratos, el cuerpo se ve obligado a utilizarlas para producir energía, limitando sus funciones.

Además, los carbohidratos cumplen también con la función de realzar el sabor, la textura y la apariencia de los alimentos, haciendo que la dieta sea más variada y agradable. En la industria alimenticia se utilizan como conservantes, en el caso de las mermeladas y otras conservas dulces, ya que detienen el crecimiento de diversos microorganismos.

LA DIABETES MELLITUS

La diabetes surge por la incapacidad del organismo para producir o utilizar correctamente insulina, una hormona que regula el uso de la glucosa para transformarla en energía. Cuando falta insulina se origina un excesivo aumento de azúcar en la sangre: la diabetes. No se ha demostrado que el consumo de azúcares contribuya al desarrollo de diabetes; sin embargo, la obesidad y la falta de ejercicio incrementan las posibilidades de padecerla. En cuanto a la ingestión de carbohidratos, los diabéticos deben seguir al pie de la letra las instrucciones del médico.

Carbohidratos

LOS CARBOHIDRATOS EN LOS ALIMENTOS

Carbohidratos	Alimento	Equivalencias	Aporte
ALIMENTOS QUE APORTAN MAYOR CANTIDAD DE CARBOHIDRATOS SIMPLES			
Azúcares	Azúcar	1 cucharada	15 g
	Miel	1 cucharada	17,3 g
	Gelatina	1/2 taza	19,1 g
	Bebida gaseosa cola	1 taza	24,0 g
	Dona con miel	1 unidad mediana	30,38 g
	Helado de chocolate	1/2 taza	18,61 g
	Caramelos	1 unidad	7,78 g
	Chocolate con leche	1 taza	31,68 g
	Panela o piloncillo	1/4 de taza	20 g
	Arequipe o dulce de leche	1 cucharadita	10 g
ALIMENTOS QUE APORTAN MAYOR CANTIDAD DE CARBOHIDRATOS COMPLEJOS			
Cereales	Cebada perlada cruda	1/2 taza	77,5 g
	Arroz blanco crudo enriquecido	1/2 taza	74,0 g
	Harina de trigo blanca enriquecida	1/2 taza	53,0 g
	Macarrón cocido enriquecido	1 taza	43,2 g
Tubérculos/ plátanos	Plátano cocido	1/2 taza	24,0 g
	Papa cocida sin sal	3/4 de taza	21,3 g
	Yuca	3/4 de taza	50 g
	Arracacha	3/4 de taza	60 g
Hortalizas y frutas	Remolacha cocida	1 taza	16,93 g
	Banano	1/2 taza	26,95 g
	Manzana con piel	1 taza	19,06 g
Legumbres	Lenteja cocidas sin sal	1 taza	39,86 g
	Fríjol cocido	1 taza	40,36 g

Fuente: USDA National Nutrient Database for Standard Reference, Release 18. Índice de comida seleccionada por proteína común (unidad de medida: gramos, clasificación: contenido nutricional).

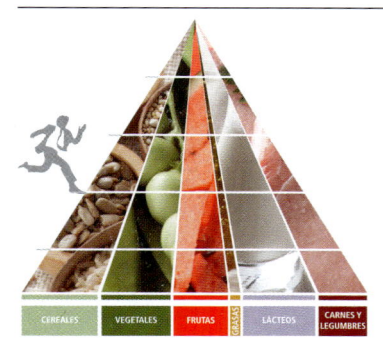

LOS CARBOHIDRATOS
en la pirámide de la alimentación

La pirámide de la alimentación es un modelo desarrollado por nutricionistas estadounidenses que muestra los pasos para alcanzar una buena salud. En ella, los carbohidratos se encuentran en el grupo formado por los cereales y sus derivados, como pan o pasta, entre otros. Los localizamos también en el grupo de las frutas y las legumbres. En la forma de azúcares simples y sus derivados, como dulces, mermeladas y caramelos, su consumo debe ser moderado.

CARBOHIDRATOS SIMPLES,
con toda la dulzura

Su sabor naturalmente dulce hace que se acostumbre integrar los carbohidratos simples o azúcares en la preparación de muchos alimentos, para que estos sean más atractivos y gustosos. A la mayoría de las personas les encanta lo dulce pero, más allá del gusto, vale la pena conocerlos más a fondo para saber utilizarlos de la mejor forma posible.

Endulzantes
Miel de abejas
Remolacha

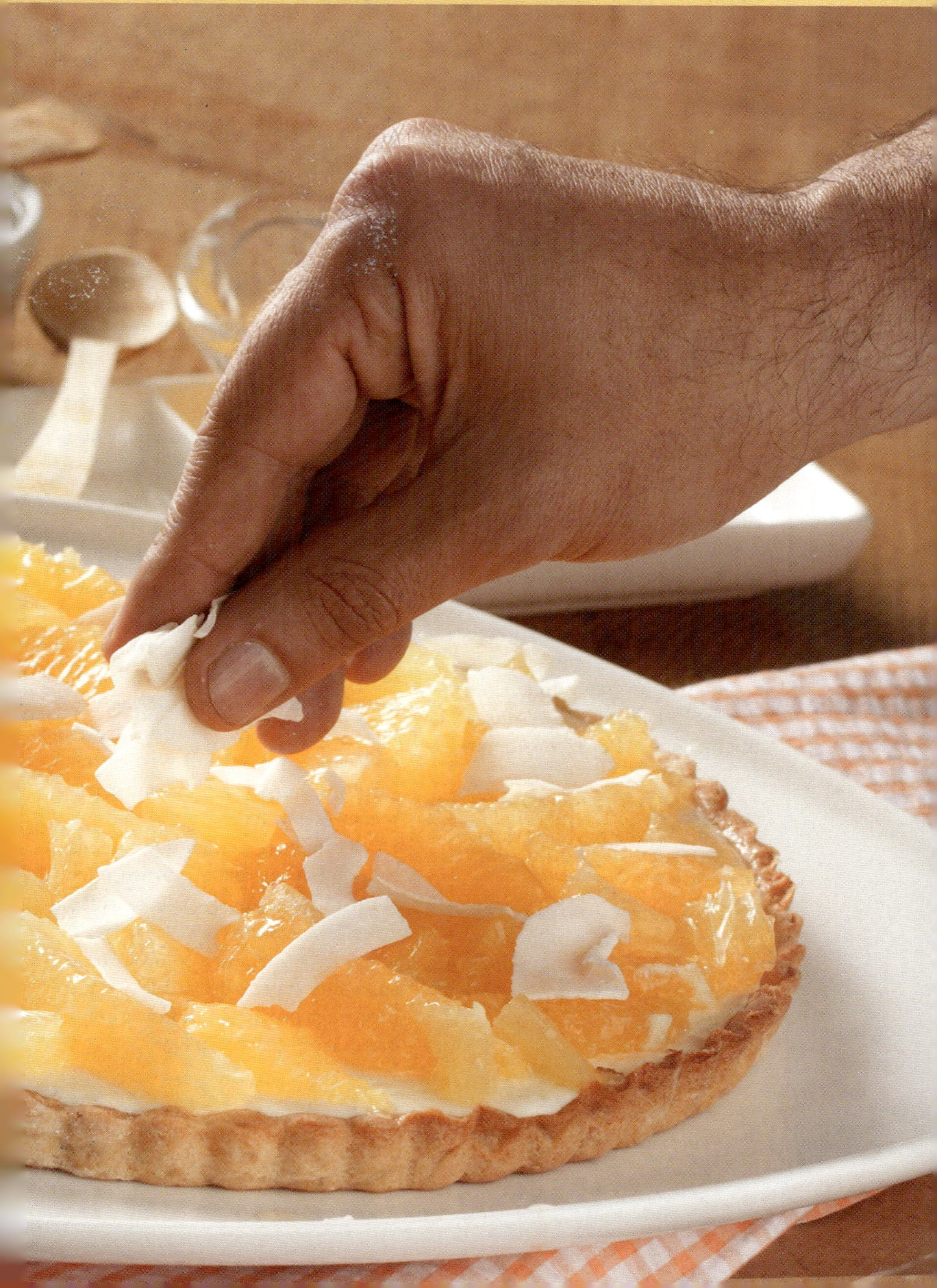

Nutrición en equilibrio

El consumo de azúcares propicia que la glándula hipófisis libere endorfinas, sustancias que provocan una sensación de bienestar físico y mental, también se las llama "hormonas de la felicidad". ¿Será por eso que nos gusta tanto lo dulce?

¿Qué son los carbohidratos simples?

Los carbohidratos simples, llamados también azúcares, pueden estar constituidos por una o dos moléculas de carbohidratos y es por esto que toman el nombre de monosacáridos o disacáridos. La **glucosa** y la **fructosa** son monosacáridos que se encuentran naturalmente en todas las frutas, algunas verduras y la miel de abejas, y se consideran los responsables de ese sabor dulce que resulta tan atrayente.

Los disacáridos están constituidos por la **sacarosa**, que es el azúcar común o de mesa –combinación de la glucosa y la fructosa– y que está presente en la caña de azúcar, la remolacha azucarera y las frutas; la **lactosa**, que se considera el azúcar principal de la leche y sus derivados, y la **maltosa**, que se encuentra en la malta (un cereal) y en ciertas verduras. Estos azúcares son básicamente fuente de energía o calorías. La caloría es la unidad que mide la cantidad de energía que proveen los alimentos y equivale a la cantidad de calor necesaria para elevar en un grado la temperatura de un litro de agua. Buena parte de las calorías que ingerimos provienen de los carbohidratos simples y complejos.

¿Dónde se encuentran los carbohidratos simples o azúcares?

Azúcar refinado, azúcar moreno, panela o piloncillo, melaza y edulcorantes como aspartame o estevia.

Miel de abejas, jarabe de maíz.

Frutas frescas.

Mermeladas, jaleas, frutas en almíbar, dulces o caramelos.

Carbohidratos simples

CONSUMO EN EQUILIBRIO

El consumo excesivo de azúcar puede provocar sobrepeso u obesidad, caries dental, altibajos de los niveles de glucosa y de la respuesta insulínica, lo cual puede producir dolor de cabeza y decaimiento general. También es un factor predisponente para desarrollar diabetes mellitus, dislipidemia (colesterol alto) por aumento de triglicéridos y enfermedades cardiovasculares secundarias.

El déficit del consumo de azúcares disminuye los niveles de glucosa en la sangre y, por ende, en el cerebro. Si se acompaña de un bajo consumo de almidones puede producir agotamiento y baja capacidad de concentración.

Si el bajo consumo de carbohidratos simples se acompaña de una dieta baja en grasa y proteína, pueden reducirse las reservas de grasa y músculo del cuerpo.

Al consumir alimentos procesados debe prestarse atención al contenido de azúcares añadidos, es decir, aquellos diferentes de los que naturalmente posee el alimento. Estos se encuentran por lo general bajo el nombre de "edulcorantes" en las gaseosas o refrescos, jugos, yogures y cereales para niños y tienden a sobrepasar la cantidad diaria recomendada de azúcar.

¿CUÁNTOS CARBOHIDRATOS SIMPLES SE REQUIEREN AL DÍA?

Edad	Recomendación diaria de azúcares en gramos
1-3 años	13
4-18 años	20
Mayores de 19 años	25

Las mujeres gestantes y las lactantes tienen requerimientos especiales que deberán consultar con su médico.

Fuente: DRI (Dietary Reference Intake). Institute of Medicine, The National Academy Press, Washington D.C, 2001.

* Ver tabla de equivalencia en la página 7.

¿CÓMO LOS ABSORBE EL CUERPO?

Los monosacáridos son absorbidos por el intestino delgado y pasan directamente a la sangre, cuyo torrente los transporta hasta los órganos que los necesitan. Por el contrario, los disacáridos son descompuestos en azúcares simples (monosacáridos) por la acción de las enzimas digestivas y luego transformados en glucosa.

Carbohidratos simples

ENDULZANTES, muchas opciones en la naturaleza

Conocido como azúcar de mesa o simplemente azúcar, este alimento es el edulcorante natural más utilizado en el mundo para brindar un atractivo adicional al sabor de múltiples alimentos. Sin embargo, existen otros medios para endulzar –que sirven para sustituir el azúcar tradicional– que vale la pena conocer.

El azúcar se extrae de la caña de azúcar o de la remolacha azucarera, aunque la mayor parte del azúcar que se consume en el mundo proviene de la caña. El azúcar está compuesto por sacarosa y fructosa.

Normalmente, el azúcar se clasifica por su grado de refinación que se distingue por medio del color. El verdadero azúcar moreno, también llamado integral o mascabado, no se somete a refinación y se obtiene simplemente de la cristalización del jugo de caña; es de color marrón y de apariencia apelmazada. Contiene entre 96 y 98% de sacarosa y algunos minerales. Sin embargo, la mayoría de los azúcares etiquetados como azúcar moreno son azúcar teñido. La panela o piloncillo es un derivado de la caña muy utilizado en América Latina.

Existen otros edulcorantes, como el aspartame, que endulzan unas 200 veces más que el azúcar: una cucharadita aporta 16 calorías; la estevia –un glúcido extraído de una planta sudamericana– no contiene calorías; la sacarosa y la fructosa, provienen del azúcar y aportan las mismas calorías que este: 4 calorías por gramo.

Nutrición en equilibrio

Mermeladas de fruta

INGREDIENTES
para doce porciones

Mermelada de piña
3 tazas de piña picada en cubos pequeños
1/2 taza de azúcar
1/2 taza de agua
Pizca de sal
1 astilla de canela

Mermelada de guayaba
750 g de guayabas maduras, peladas y cortadas en trozos medianos
3 tazas de agua fría
2 tazas de azúcar
2 cucharaditas de jugo de limón

Mermelada de moras
2 tazas de moras (zarzamoras)
1/2 taza de agua
3/4 de taza de azúcar
1 cucharadita de jugo de limón

APORTE NUTRICIONAL POR PORCIÓN MERMELADA DE PIÑA

Calorías	27
Proteína	0 g
Grasa	0 g
Carbohidratos	7 g

APORTE NUTRICIONAL POR PORCIÓN MERMELADA DE GUAYABA

Calorías	152
Proteína	0 g
Grasa	0 g
Carbohidratos	39 g

APORTE NUTRICIONAL POR PORCIÓN MERMELADA DE MORAS

Calorías	69
Proteína	0 g
Grasa	0 g
Carbohidratos	18 g

PREPARACIÓN

Para la mermelada de piña. En una olla caliente el agua junto con el azúcar y la astilla de canela. Cuando la mezcla empiece a hervir, añada la piña. Cocine hasta obtener textura; retire del fuego, deje enfriar un poco y licue. Ponga de nuevo la mezcla a cocinar a fuego bajo durante 10 minutos. Deje enfriar completamente y envase en un frasco que se encuentre esterilizado.

Para la mermelada de guayaba. Cueza las guayabas con el agua durante 10 minutos. Cuele y conserve el agua de la cocción. Licue la guayaba hasta obtener un puré y cuélelo. Lleve el puré a la olla junto con dos tazas del agua de cocción y el jugo de limón. Caliente a fuego medio-bajo y aña-

Carbohidratos simples

añada la mitad del azúcar; conforme la mezcla vaya obteniendo consistencia agregue el resto del azúcar. Cocine a fuego lento y revuelva ocasionalmente para que la mermelada no se pegue en las paredes de la olla. Deje enfriar y envase en un frasco previamente esterilizado.
Para la mermelada de moras. En una olla mezcle el agua y el azúcar. Añada las moras. Cocine a fuego medio por 15 minutos o hasta que tome consistencia. Deje enfriar y envase en un frasco previamente esterilizado.

Para esterilizar frascos de vidrio: lávelos muy bien, colóquelos en una olla boca abajo (también las tapas), cúbralos con agua y deje hervir a fuego medio durante 20 minutos.

Nutrición en equilibrio

Chutney de mango y piña

INGREDIENTES
para ocho porciones

2 tazas de mango cortado en cuadros medianos
1 ½ tazas de piña cortada en cuadros medianos
2 cucharadas de aceite de oliva
1/2 taza de cebolla roja finamente picada
2 cucharaditas de jengibre finamente picado
1/2 taza de pimentón (pimiento, morrón) rojo picado
2/3 de taza de azúcar moreno
3/4 de taza de agua fría
3 cucharadas de cebollín (cebolleta, *ciboulette*) picado
1/4 de cucharadita de chile (ají) jalapeño finamente picado
4 cucharadas de cilantro picado
Sal

APORTE NUTRICIONAL POR PORCIÓN

Calorías	143
Proteína	1 g
Grasa	4 g
Carbohidratos	29 g

PREPARACIÓN

En una olla de base gruesa caliente el aceite. Sofría la cebolla, el jengibre y el pimentón durante 2 minutos. Baje el fuego a medio y añada la piña, mango, azúcar, agua, chile y dos cucharadas del cilantro. Cocine por 20 minutos revolviendo ocasionalmente; 5 minutos antes de finalizar la cocción añada el resto del cilantro y sal al gusto. Deje enfriar el *chutney*.

Carbohidratos simples

Este *chutney* resulta un acompañante perfecto para realzar el sabor de la carne de cerdo, pollo, pavo, pescados y mariscos. Puede ajustar el nivel de picante a su gusto.

Nutrición en equilibrio

Pie de naranja con virutas de coco

INGREDIENTES
para cuatro porciones

Para la masa
2 tazas de harina de trigo cernida
1 cucharada de azúcar
1 cucharadita de sal
2/3 de taza de mantequilla cortada en cubos pequeños
2/3 de taza de margarina cortada en cubos pequeños
1 huevo pequeño batido
1/2 taza de agua fría

Para el relleno
2 claras de huevo
1/2 taza de azúcar
1 taza de jugo de naranja fresco y dulce
1 taza de crema de leche batida
1/2 taza de yogur sin dulce
1 cucharada de ralladura de naranja
2 cucharadas de agua tibia
1 sobre de gelatina sin sabor

Decoración
1/3 de taza de virutas o tajadas delgadas de coco fresco
1 cucharada de cocoa
3 naranjas

APORTE NUTRICIONAL POR PORCIÓN	
Calorías	833
Proteína	10 g
Grasa	58 g
Carbohidratos	71 g

PREPARACIÓN
Caliente el horno a 180 °C (350 °F).
Para la masa. Mezcle los ingredientes secos. Con la yema de los dedos integre la mantequilla y la margarina hasta obtener grumos. Incorpore rápidamente el huevo y el agua. Envuelva la masa en película plástica y refrigere 2 horas. Antes de usarla, déjala 10 minutos a temperatura ambiente. Extienda la masa con un rodillo sobre una su-

Carbohidratos simples

perficie enharinada, hasta que se adapte a un molde redondo de 24 cm. Cúbrala con aluminio y coloque encima un puñado de fríjoles. Hornee 30 minutos. Retire el aluminio y los fríjoles y hornee 10 minutos más o hasta que la masa tome color.

Para el relleno. Bata las claras y agregue el azúcar poco a poco hasta alcanzar el punto de nieve o de turrón. Hidrate la gelatina en dos cucharadas de agua tibia y caliéntela un poco. Mezcle la crema batida, el yogur y la ralladura y jugo de naranja. Incorpore suavemente a las claras batidas. Por último, integre la gelatina. Vierta la mezcla en la base del *pie*, refrigere 30 minutos. Saque los gajos de las naranjas usando un cuchillo pequeño y retire las membranas. Úselos para decorar el *pie*, espolvoree con el coco y la cocoa.

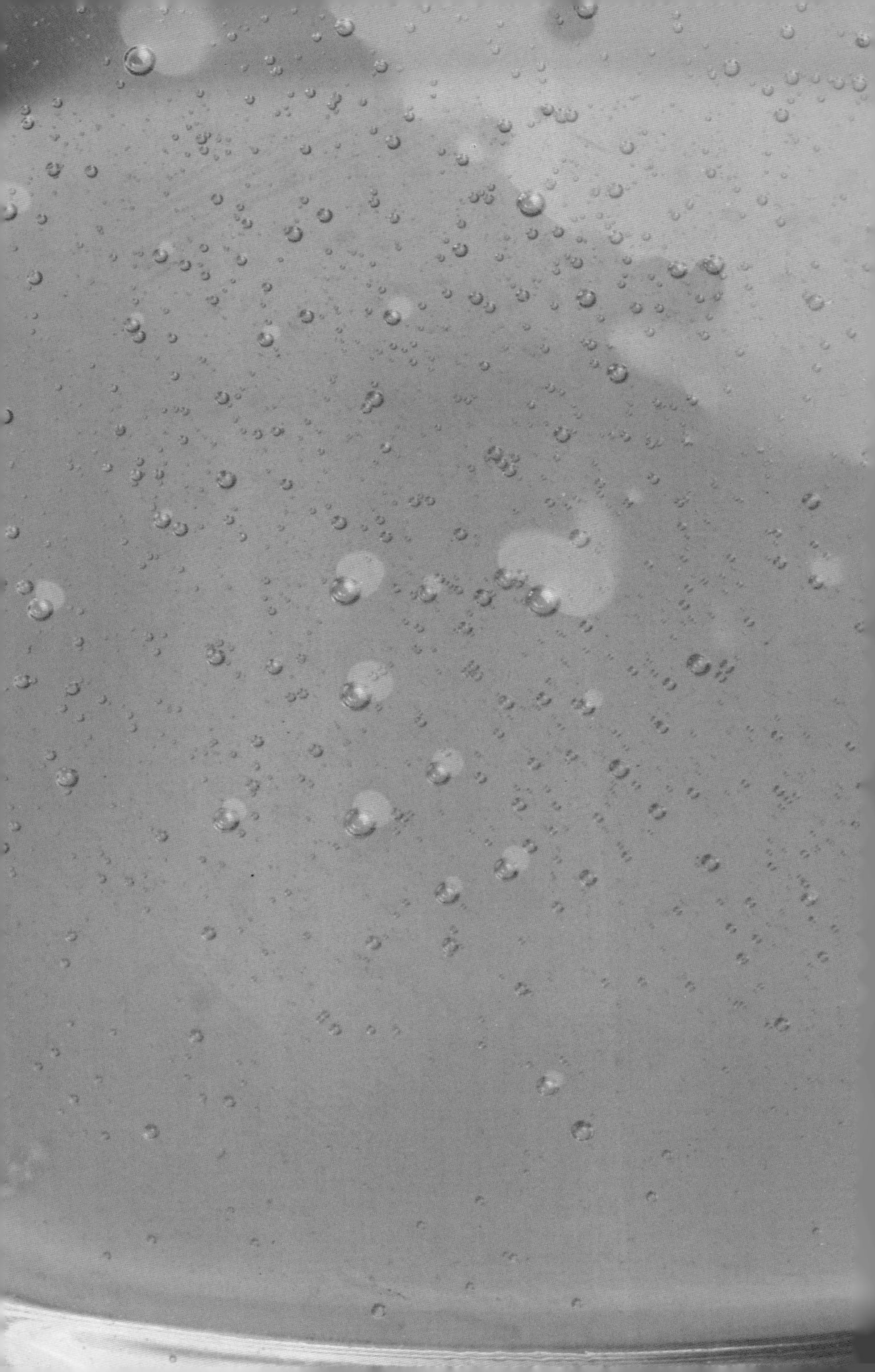

Carbohidratos simples

MIEL DE ABEJAS,
de las flores a la cocina

Conocida desde hace miles de años, la miel de abejas es el edulcorante más antiguo empleado por el hombre. No sólo se ha usado para endulzar alimentos sino como remedio medicinal y agente de belleza. Hasta el siglo XIX, con la explotación masiva de la caña de azúcar, la miel de abejas fue el edulcorante más utilizado en el mundo.

La miel, producida por abejas obreras a partir del néctar extraído de diversas flores, es el alimento que mantiene con vida a todos los habitantes de la colmena. La miel de abejas posee un sabor muy característico que está determinado por el tipo de flor del cual se extrae el néctar y la época del año en que se recolecta.

La miel está constituida principalmente por agua y carbohidratos: fructosa, glucosa y, en menor cantidad, sacarosa. Tiene algunas trazas de minerales como cloro, fósforo, calcio y magnesio, aunque el potasio es el más significativo. Contiene, igualmente, trazas de vitaminas A, C y algunas del grupo B, así como flavonoides y ácidos fenólicos, ambos antioxidantes. La miel de abejas también actúa como prebiótico, es decir, colabora con el crecimiento de bifidobacterias que protegen la salud. Una cucharada de miel de abejas (21 g) aporta 64 calorías.

Nutrición en equilibrio

Pollo a la parrilla con salsa de mostaza y miel

INGREDIENTES
para cuatro porciones

4 pechugas de pollo deshuesadas
2 cucharadas de aceite de oliva
2 cucharadas de mantequilla

Marinada
4 cucharadas de aceite de oliva
1 cucharadita de ajo finamente picado
3 cucharaditas de menta fresca picada
2 cucharaditas de orégano fresco picado
Sal y pimienta negra recién molida

Salsa de mostaza y miel
1 ½ cucharadas de mostaza de Dijon
1/3 de taza de jugo de naranja
2 cucharadas de miel
1 cucharadita de mezcla de pimientas (roja, verde, negra)
Sal

APORTE NUTRICIONAL POR PORCIÓN

Calorías	851
Proteína	54 g
Grasa	65 g
Carbohidratos	10 g

PREPARACIÓN

En un recipiente mezcle todos los ingredientes de la marinada. Esparza la mezcla entre la piel de las pechugas y la carne. Deje marinando 30 minutos en la nevera.
Aparte, caliente el aceite y la mantequilla y ase las pechugas (por ambos lados) entre 12 y 15 minutos.
Para la salsa. Mezcle todos los ingredientes

Carbohidratos simples

con un batidor hasta que queden completamente integrados.
Cuando las pechugas estén listas, corte cada una por la mitad. Coloque un trozo de pechuga sobre el otro, añada un poco de la salsa alrededor y sirva.

Puede mantener la salsa de mostaza y miel en la nevera para tenerla siempre a la mano. Se conserva en buen estado hasta por unos veinte o treinta días. También puede usarla como marinada.

Nutrición en equilibrio

Tres aderezos con miel

INGREDIENTES
para cuatro porciones

Salsa de yogur con miel y jugo de mandarina
1/2 taza de yogur natural
3 cucharadas de jugo de mandarina
2 cucharadas de miel
1 cucharadita de jengibre finamente picado
1 ½ cucharaditas de ralladura de limón
Sal y pimienta

Vinagreta de piña
2 tazas de jugo de piña
6 cucharadas de miel
6 cucharadas de vinagre blanco
8 cucharadas de aceite
Sal y pimienta

Aderezo oriental
2 cucharadas de miel de abejas
1/2 taza de jugo de naranja
1 cucharadita de jugo de limón
4 cucharadas de mantequilla de maní (cacahuate)
2 cucharadas de salsa soya (soja)
3 cucharadas de aceite de oliva
Sal y pimienta

APORTE NUTRICIONAL POR PORCIÓN SALSA DE YOGUR

Calorías	67
Proteína	1 g
Grasa	1 g
Carbohidratos	14 g

APORTE NUTRICIONAL POR PORCIÓN VINAGRETA DE PIÑA

Calorías	200
Proteína	0 g
Grasa	14 g
Carbohidratos	19 g

APORTE NUTRICIONAL POR PORCIÓN ADEREZO ORIENTAL

Calorías	247
Proteína	5 g
Grasa	19 g
Carbohidratos	18 g

PREPARACIÓN

Para la salsa de yogur. Lleve todos los ingredientes a un recipiente y mézclelos utilizando un tenedor o un batidor de mano hasta que queden perfectamente integrados. Puede mantener esta salsa en refrigeración durante una semana.

Para la vinagreta de piña. En una sartén ponga a calentar el jugo de piña y la miel; revuelva ocasionalmente. Deje reducir a

Carbohidratos simples

fuego medio hasta obtener cuatro cucharadas. Deje enfriar un poco. Añada a la reducción el vinagre blanco y el aceite. Condimente con sal y pimienta al gusto. **Para el aderezo oriental.** Lleve la miel de abejas, el jugo de limón, el jugo de naranja y la mantequilla de maní a la licuadora y procese a velocidad media hasta que todos los ingredientes estén bien integrados. Añada la salsa soya, el aceite de oliva, la sal y la pimienta; vuelva a procesar hasta obtener una textura suave y pareja.

Estos aderezos los puede usar para acompañar platillos salteados al wok, pollo asado, pollo o pescado apanado con ajonjolí o ensaladas de verduras o frutas.

Nutrición en equilibrio

Turrón casero

INGREDIENTES
para doce porciones

3 cucharadas de agua
200 g de azúcar
350 g de miel
650 g de almendras tostadas y cortadas por la mitad
3 gotas de anís
3 claras de huevo
1 paquete pequeño de obleas o galletas Wafer

APORTE NUTRICIONAL POR PORCIÓN

Calorías	347
Proteína	12 g
Grasa	28 g
Carbohidratos	19 g

PREPARACIÓN

Caliente el azúcar y el agua en una olla, a fuego medio, hasta obtener un almíbar a punto de bola dura, es decir, cuando ha adquirido una textura bastante consistente y, al tomarlo entre los dedos húmedos, se forma una bola. Retire la olla del fuego y reserve.
En otra olla, caliente la miel y, una vez líquida, incorpórela al almíbar, trabajando bien la

Carbohidratos simples

mezcla con una espátula de madera. Lleve nuevamente al fuego hasta obtener el punto de caramelo, es decir, que al poner una gota sobre una superficie fría (mármol, metal), la gota se cristalice. Agregue las almendras, el anís y las claras previamente batidas a punto de nieve o de turrón. Trabaje con la espátula de madera hasta que la mezcla quede unida. Aparte, coloque las obleas o las galletas Wafer sobre papel parafinado y vuelque la mezcla sobre estas. Alise la mezcla y cubra con otra oblea o galleta. Ponga una tabla de madera o un peso encima del turrón y déjelo reposar un día entero.

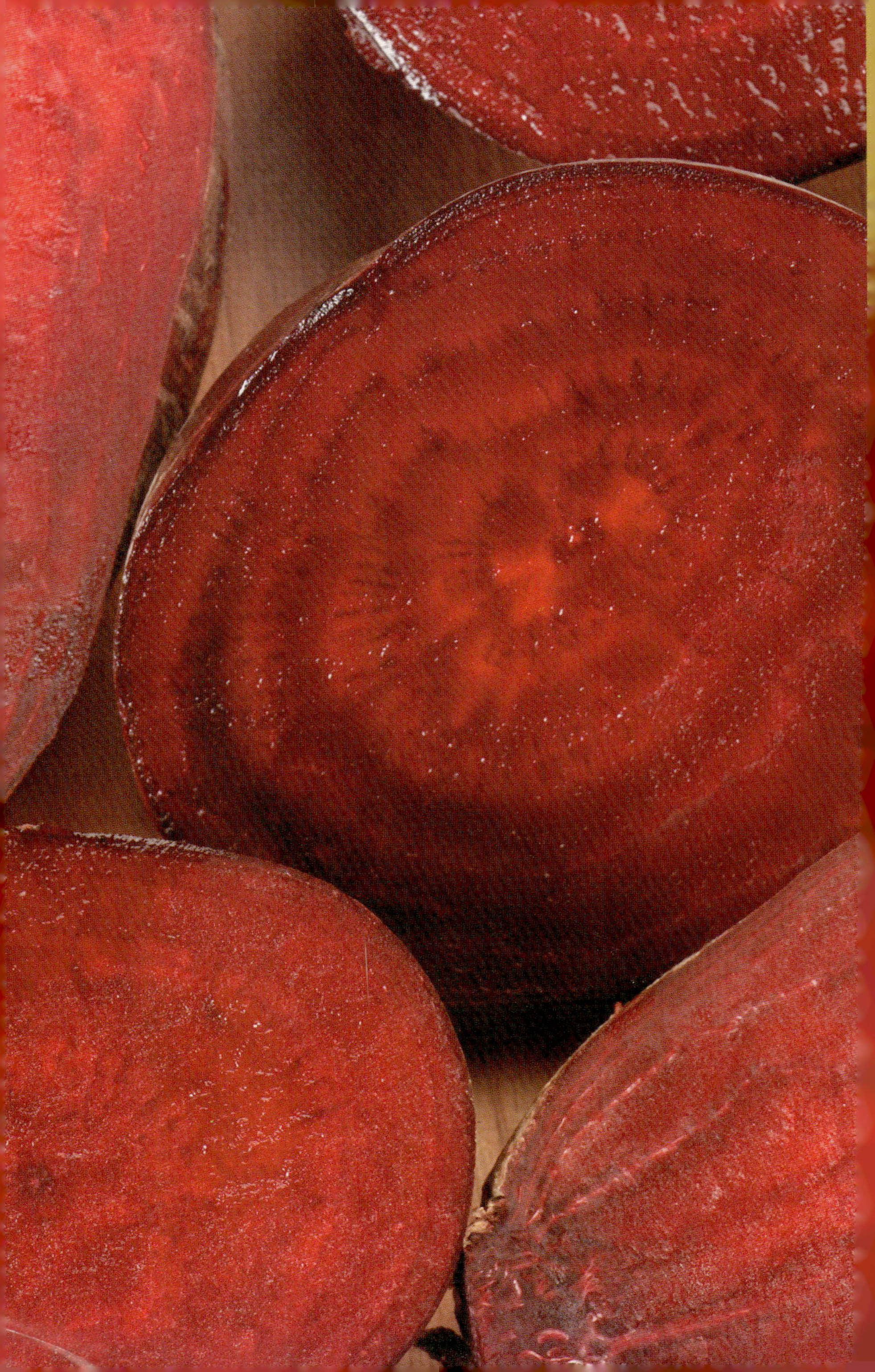

Carbohidratos simples

REMOLACHA,
dulzura fucsia

La remolacha, también conocida como betarraga o betabel, es la más energética de todas las hortalizas. De intenso color rojo, sabor dulce y apariencia muy atractiva, puede consumirse cruda o cocida y resulta perfecta para preparar sopas, todo tipo de ensaladas y acompañamientos, todos exquisitos, vistosos y muy nutritivos.

La remolacha es una raíz grande y carnosa. Existen tres variedades: la remolacha común o roja, que se consume como hortaliza; la forrajera, que se utiliza para la alimentación animal, y la azucarera, de color blanquecino, que se usa para la elaboración azúcar.

Como hortaliza, la remolacha, contrariamente a lo que se cree, es un alimento de moderado contenido calórico, ya que provee 30 calorías por cada 100 g. Además de su riqueza en carbohidratos, aporta fibra, algunas vitaminas del grupo B, yodo, sodio y potasio. La remolacha es rica en antocianinas, unos pigmentos de acción antioxidante capaces de minimizar la acción de los radicales libres.

Quienes tienen predisposición a formar cálculos en el riñón deben restringir el consumo de remolacha, ya que esta, al igual que las espinacas y las acelgas, contiene ácido oxálico.

Nutrición en equilibrio

Sopa de remolacha fría

INGREDIENTES
para cuatro porciones

2 remolachas (betabel, betarraga) grandes
4 tazas de caldo de verduras
2/3 de taza de jugo de manzana
Sal y pimienta
1 ramita de cilantro

Decoración
2 lonjas de salmón ahumado cortadas en 8 tiras medianas
2 cucharadas de crema de leche

APORTE NUTRICIONAL POR PORCIÓN	
Calorías	77
Proteína	2 g
Grasa	0 g
Carbohidratos	18 g

PREPARACIÓN
Ponga las remolachas en una olla de presión y vierta el caldo. Cocine a fuego medio durante 15 minutos, aproximadamente, o hasta que las remolachas estén cocidas. Conserve el líquido de la cocción y retire la piel de las remolachas. Déjelas enfriar un poco.
Licue la remolacha junto con el jugo de manzana y dos tazas del líquido de la cocción. Cuele

Carbohidratos simples

y caliente la sopa en una olla a fuego medio durante 10 minutos. Añada sal y pimienta, deje enfriar la sopa totalmente y añada la ramita de cilantro. Conserve la sopa durante 6 horas en el refrigerador. Sirva en los platos y decore con las tiras de salmón y la crema de leche.

Si desea que la sopa tenga un gusto menos dulce, puede omitir el jugo de manzana y aumentar la misma cantidad de caldo de verduras. También puede sustituir el jugo de manzana por jugo de naranja ácida.

Nutrición en equilibrio

Ceviche de vieiras con vinagreta de remolacha

INGREDIENTES
para cuatro porciones

Para el ceviche
2 tazas de vieiras (*scallops*, callo de hacha) pequeñas
1/2 taza de jugo de limón
3/4 de taza de jugo de naranja
2/3 de taza de zanahoria cortada en cubos pequeños
2 cucharadas de cilantro finamente picado
Sal y pimienta

Para la vinagreta
1/3 de taza de remolacha cocida y pelada
1/2 taza de vinagre de vino blanco
1/3 de taza de jugo de manzana
1/2 taza de aceite de oliva
Sal
1/2 cucharadita de chile (ají) de árbol

APORTE NUTRICIONAL POR PORCIÓN

Calorías	89
Proteína	2 g
Grasa	3 g
Carbohidratos	14 g

PREPARACIÓN

Para el ceviche. Marine las vieiras con todos los ingredientes del ceviche; conserve en refrigeración durante 2 horas.

Para la vinagreta. Licue la remolacha junto con el vinagre, el vino blanco y el jugo de manzana; cuele. Incorpore el aceite de oliva, la sal y el chile.

Carbohidratos simples

Distribuya el ceviche en cuatro copas o platos hondos y sirva la vinagreta aparte.

Puede reemplazar las vieiras de este ceviche por cualquier pescado blanco de su predilección, cortado en tiras o cubitos adecuados al tamaño de un bocado.

Nutrición en equilibrio

Muffins de remolacha con cocoa

INGREDIENTES
para doce unidades

600 g de remolacha pelada
3 ⅓ tazas de harina de trigo cernida
2 ½ cucharadas de cocoa
1 cucharadita de canela
1 taza de azúcar pulverizada (azúcar *glass*, impalpable)
3/4 de taza de uvas pasas blancas
1 cucharadita de polvo de hornear
2 huevos grandes a temperatura ambiente
1/2 taza de aceite de canola
1 ½ tazas de yogur sin dulce

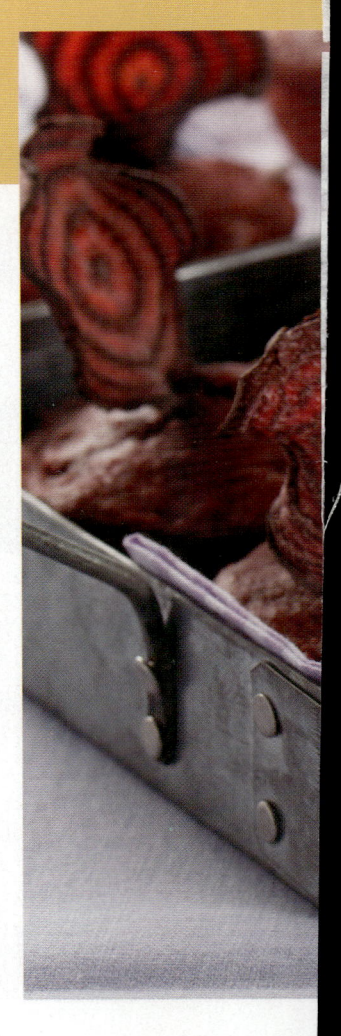

APORTE NUTRICIONAL POR PORCIÓN	
Calorías	355
Proteína	7 g
Grasa	12 g
Carbohidratos	56 g

PREPARACIÓN

Corte la remolacha en pedazos medianos para obtener cuatro tazas y media. Póngala a cocer en la olla de presión con bastante agua y sal durante unos 40 minutos; cuele. Aparte, mezcle en un recipiente todos los ingredientes secos; añada las pasas. Lleve la remolacha a un procesador o a la licuadora y procese hasta obtener un puré suave; deje enfriar. En otro reci-

Carbohidratos simples

piente bata los huevos, agregue la remolacha, el yogur y el aceite. Vierta e integre los ingredientes líquidos, en tres tandas, a la mezcla de ingredientes secos.

Engrase y enharine dos bandejas para *muffins* de seis unidades cada una. Vierta la mezcla hasta llenar cada espacio a tres cuartos de su capacidad. Hornee 20 minutos en el horno precalentado a 180 °C (350 °F) o hasta que, al insertar un cuchillo, este salga limpio. Saque del horno, deje enfriar y desmolde.

Para decorar los *muffins* corte la remolacha en tajadas muy finas y fríalas en aceite bien caliente hasta que queden crocantes. Déjalas escurrir en papel de cocina.

Carbohidratos complejos,
energía almacenada

Alimentos tan populares como el trigo, la papa, el plátano o el arroz, todos ellos fuente de almidón o carbohidratos complejos, permiten que el organismo cuente con reservas de energía para usar a medida que este las necesite. La existencia de estas reservas es lo que hace posible que nuestro cuerpo desempeñe sus funciones en todo momento, sin necesidad de consumir alimentos a toda hora.

Pasta
Arroz
Papa

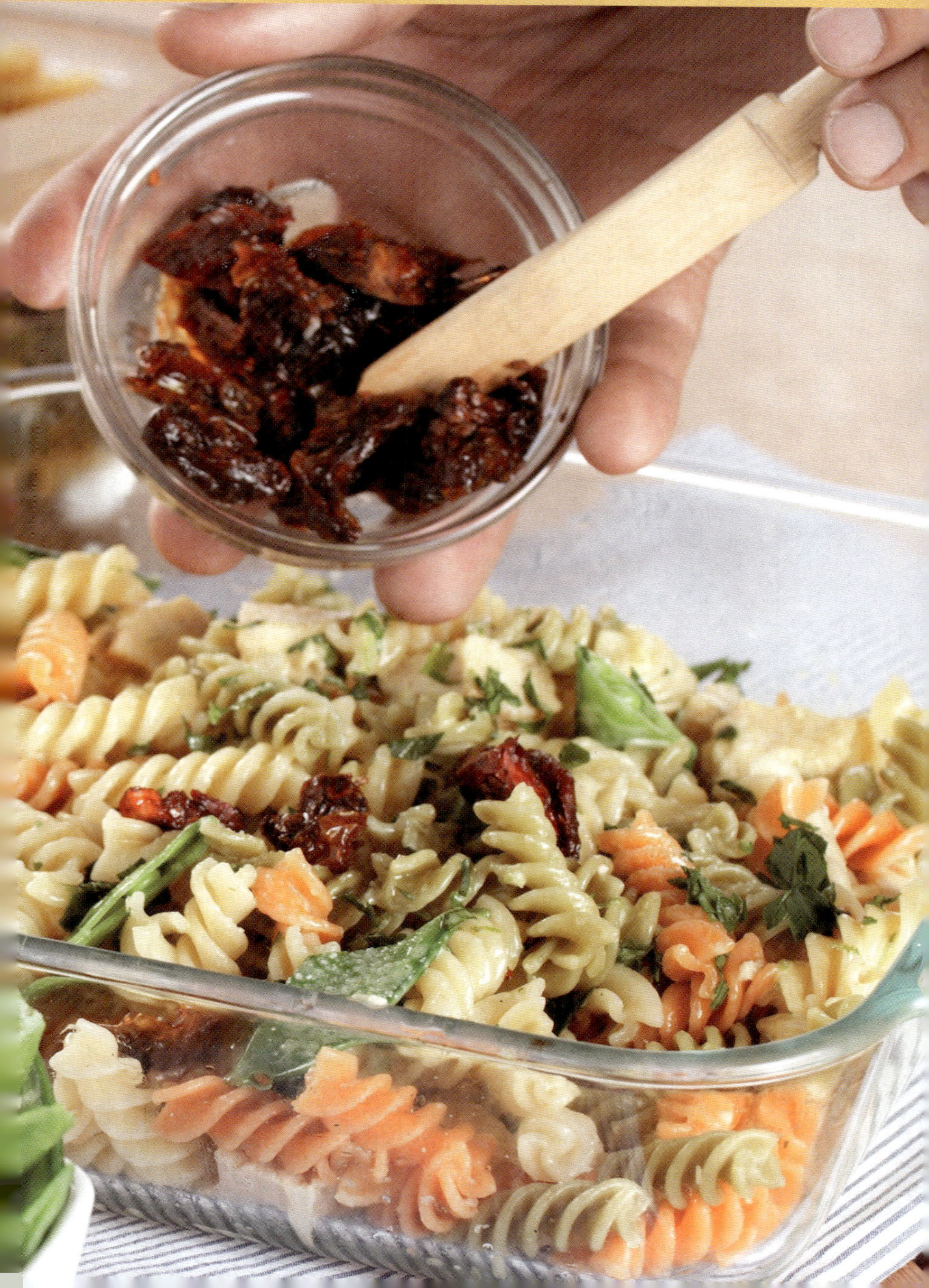

Nutrición en equilibrio

Los alimentos fuente de almidón, tan comunes como la papa o la pasta, tienen la mala fama de que engordan. Esto es falso; si se consumen equilibradamente y se evitan las salsas y aderezos, por lo general ricos en grasa y calorías, no producen obesidad.

¿Qué son los carbohidratos complejos?

Existen dos grupos de carbohidratos complejos: los almidones y la fibra dietaria. Los almidones son producidos por las plantas en general. Desempeñan el papel de sustancia nutritiva y energética de reserva, que se almacena principalmente en las semillas y raíces, para permitir el crecimiento de las plantas. Los seres humanos también aprovechamos esta energía a través del consumo de alimentos que aportan almidones. De hecho, entre 70 y 80% de las calorías que consumimos provienen de alimentos de este tipo.

Químicamente hablando, los almidones están formados por más de diez moléculas de monosacáridos que constituyen largas cadenas de glucosa en forma de gránulos, cuyo tamaño y forma varían de acuerdo con la verdura o planta de la cual provengan.

La fibra dietaria está compuesta por carbohidratos complejos sin almidón. Dada la importante función que tiene en el organismo, es tema de otro libro de esta misma colección.

¿Dónde se encuentran los carbohidratos complejos?

Cereales: arroz, cebada, avena, trigo y los derivados de los anteriores como productos de panadería, harinas y pasta.

Tubérculos: papa, yuca o mandioca, arracacha, camote o batata.

Leguminosas: fríjoles, lentejas, garbanzos, arvejas o chícharos.

Otras fuentes: plátanos (plátano macho, hartón verde y maduro).

Semillas: girasol, linaza y ajonjolí (sésamo).

Carbohidratos complejos

Consumo en equilibrio

Comer en exceso alimentos fuente de almidones puede favorecer el padecimiento de enfermedades cardiovasculares secundarias, colesterol alto asociado al aumento de triglicéridos, diabetes mellitus y obesidad.

Por el contrario, la deficiencia de su consumo disminuye las reservas de proteínas y de grasa corporal en el organismo, debido a que son utilizadas por este para la producción de energía. Si el déficit es prolongado se presenta escasez de glucosa, lo que ocasiona cansancio general, incapacidad para realizar ejercicio y disminución de la atención y concentración.

Para obtener el mejor provecho de los alimentos fuente de almidones, una buena idea es agregar o acompañar las comidas con frutas y verduras crudas, semillas apenas tostadas o productos fermentados como salsa de soya, vino o cerveza: todos aportan enzimas que ayudan al desdoblamiento de los almidones.

Una masticación lenta y cuidadosa es esencial para el desdoblamiento de los almidones, ya que la saliva contiene enzimas que colaboran en este proceso.

Los alimentos fuente de almidones deben cocerse e hidratarse correctamente para evitar intoxicaciones.

¿CUÁNTOS CARBOHIDRATOS COMPLEJOS SE REQUIEREN AL DÍA?

Edad	Recomendación diaria de almidones en gramos
1-3 años	117 g
4-18 años	170 g
Mayores de 19 años	225 g

Las mujeres gestantes y las lactantes tienen requerimientos especiales que deberán consultar con su médico.

Fuente: Dietary Reference Intake, Institute of Medicine, The National Academy Press, Washington D.C, 2001.

*Ver tabla de equivalencia en la página 7.

¿CÓMO LOS ABSORBE EL CUERPO?

La descomposición de los almidones comienza con la acción efectuada por las enzimas presentes en la saliva. El alimento (bolo alimenticio) sigue su camino hacia el intestino delgado, donde las enzimas continúan con el rompimiento de las moléculas que constituyen el almidón en monosacáridos y disacáridos, hasta convertirse en glucosa. Esta puede usarse como fuente inmediata de energía o almacenarse como glucógeno en el hígado.

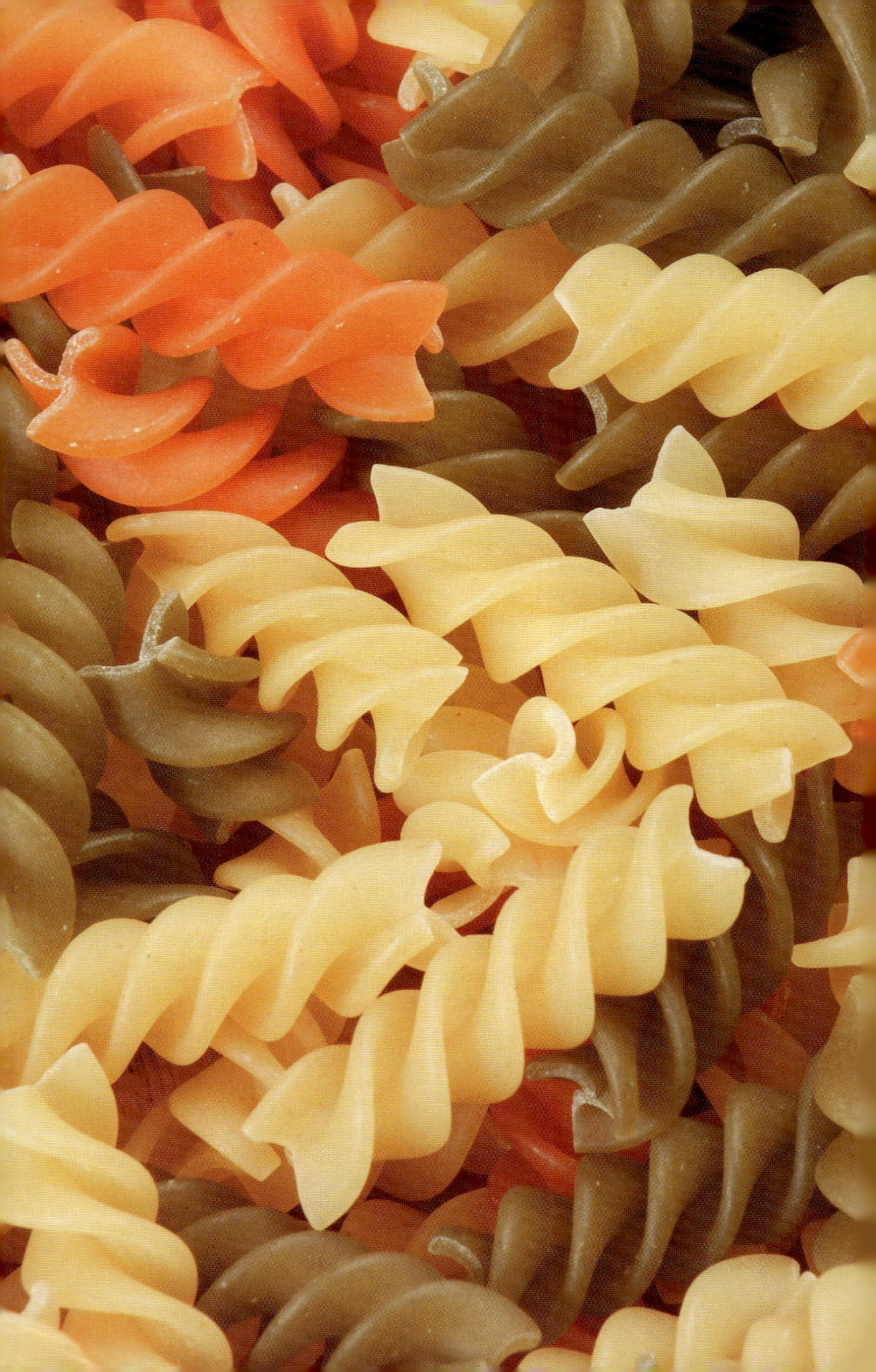

Carbohidratos complejos

PASTA,
la gran favorita

Sin duda alguna, la pasta se encuentra entre los alimentos predilectos de muchas personas alrededor del mundo… Y es que un plato de pasta contiene nutrientes, energía y los sabores que se combinan para imprimirle personalidad y satisfacer a cualquiera. Después del pan, la pasta es el derivado del trigo más importante y consumido en el mundo.

La pasta se elabora a partir de la sémola de trigo duro que se mezcla con agua o con agua y huevo. Para obtener la sémola sólo se emplea el endospermo del grano del trigo, que es rico en almidón y gluten, una proteína que le brinda a la pasta una mayor capacidad de moldeado y que le permite mantener su consistencia después de la cocción.

El mayor aporte de la pasta a la alimentación es la energía que el organismo obtiene de sus carbohidratos. Pero también provee proteínas y para mejorar la calidad de estas conviene combinar la pasta con alimentos de origen animal, como queso, crema de leche, carne o pollo. La pasta integral es más rica en nutrientes que la refinada, aunque la mayoría de las que pertenecen a esta última categoría vienen fortificadas.

Muchos creen que la pasta engorda, pero 100 g de pasta elaborada con sémola de trigo duro aporta unas 350 calorías, 74 gramos de carbohidratos y menos de 1 gramo de grasa. Eso sí, hay que tener cuidado con las salsas que se le adicionan y con los alimentos que la acompañan.

Nutrición en equilibrio

Pasta con vegetales al estragón

INGREDIENTES
para cuatro porciones

1 libra de *fettuccine*
3 cucharadas de aceite de oliva
1 calabacín (calabacita, *zucchini*) verde, pequeño, cortado en bastones medianos
1 calabacín amarillo, pequeño, cortado en bastones medianos
1 pimiento (pimentón, morrón) rojo cortado en triángulos
8 champiñones medianos cortados por la mitad
1 ½ cucharaditas de estragón picado
Sal y pimienta al gusto
½ taza de queso parmesano rallado o cortado en virutas

APORTE NUTRICIONAL POR PORCIÓN

Calorías	613
Proteína	20 g
Grasa	14 g
Carbohidratos	101 g

PREPARACIÓN

En una olla grande con agua hirviendo y una cucharadita de sal, cocine la pasta hasta que esté al dente, es decir, hasta que esté cocinada pero firme. Escurra.
Aparte, cocine los calabacines y el pimentón durante 2 minutos en una olla con agua caliente y una cucharadita de sal; cuele y escurra.
En una sartén amplia, caliente el aceite y saltee

Carbohidratos complejos

los calabacines, el pimentón y los champiñones junto con el estragón, sal y pimienta. Incorpore la pasta y mezcle para integrar rápidamente. Sirva y esparza el queso parmesano.

Si desea, puede omitir la cocción los calabacines y el pimiento y saltearlos directamente en una sartén con aceite de oliva. Saltee el pimiento durante 3 minutos, agregue el calabacín y saltee 2 minutos más.

Nutrición en equilibrio

Penne con salsa de tomate y carne

INGREDIENTES
para cuatro unidades

500 g de *penne* (pasta corta)
1 cucharadita de sal

Salsa de carne
3 cucharadas de aceite de oliva
2 cucharadas de cebolla finamente picada
2 cucharaditas de orégano fresco finamente picado
1 hoja de laurel
1 cucharadita de ajo finamente picado
250 g de carne de ternera molida
150 g de carne de cerdo molida baja en grasa

1 ½ tazas de tomate sin semillas ni piel, cortado en pedazos pequeños
1 ½ tazas de jugo de tomate
Sal y pimienta

Decoración
1/2 taza de queso parmesano cortado en virutas

APORTE NUTRICIONAL POR PORCIÓN	
Calorías	791
Proteína	46 g
Grasa	22 g
Carbohidratos	99 g

PREPARACIÓN
Para la salsa. Caliente el aceite en una sartén amplia. Sofría la cebolla y el ajo por 2 minutos y añada la carne de ternera, la carne de cerdo y las hierbas. Revuelva bien y continúe la cocción durante 3 minutos más. Agregue el tomate, el jugo de tomate, sal y pimienta. Deje cocer a fuego medio durante 10 minutos.
Mientras tanto, ponga a hervir agua y adicio-

Carbohidratos complejos

ne la cucharadita de sal, incorpore la pasta y déjela cocer hasta que esté al dente, es decir, cocinada pero firme.
Cuele la pasta y distribúyala en cuatro platos. Retire la hoja de laurel de la salsa y viértala sobre la pasta. Ponga las virutas de queso y sirva inmediatamente.

Puede sustituir los tomates frescos picados por tomates enlatados, que ya vienen pelados y muchas veces picados y sin semillas. Igualmente, puede aprovechar el jugo de los mismos.

Nutrición en equilibrio

Ensalada de pasta con mayonesa de curri

INGREDIENTES
para seis porciones

2 tazas de tornillos de colores
2 pechugas de pollo cocidas y cortadas en cubos medianos
2/3 de taza de guisantes (tirabeques, chícharo japonés) cortados al sesgo
5 tomates secos conservados en aceite y cortados en pedazos medianos
4 cucharadas de perejil liso picado

Para la mayonesa
2 yemas de huevo
1 cucharada de vinagre de vino blanco
1 taza de aceite de oliva
1 cucharadita de curri en polvo
2 cucharaditas de ralladura de limón
Sal y pimienta

APORTE NUTRICIONAL POR PORCIÓN	
Calorías	652
Proteína	31 g
Grasa	27 g
Carbohidratos	71 g

PREPARACIÓN
Cocine la pasta en bastante agua con una cucharadita de sal hasta que esté al dente, es decir, cocinada pero firme. Cuele y deje enfriar. Aparte, cocine los guisantes en agua con sal durante 3 minutos, cuele y páselos por agua fría. Ponga la pasta en un tazón grande, añada los guisantes, el pollo, los tomates secos y el perejil; revuelva bien.

Carbohidratos complejos

Para la mayonesa. Lleve a la licuadora las yemas de huevo, el vinagre, sal y pimienta al gusto; procese hasta que todo esté integrado. Con la licuadora prendida, añada el aceite de oliva en forma de chorrito delgado hasta obtener una mayonesa suave. Trasládela a un recipiente y añada el curri, la ralladura de limón y si, es necesario, más sal y pimienta. Ponga cuatro cucharadas de mayonesa a la pasta y revuelva bien.

Esta mayonesa también puede usarse para acompañar unos langostinos salteados en aceite de oliva y un poco de ajo, o para aderezar un sándwich de palitos de cangrejo (*surimi*) o de salmón.

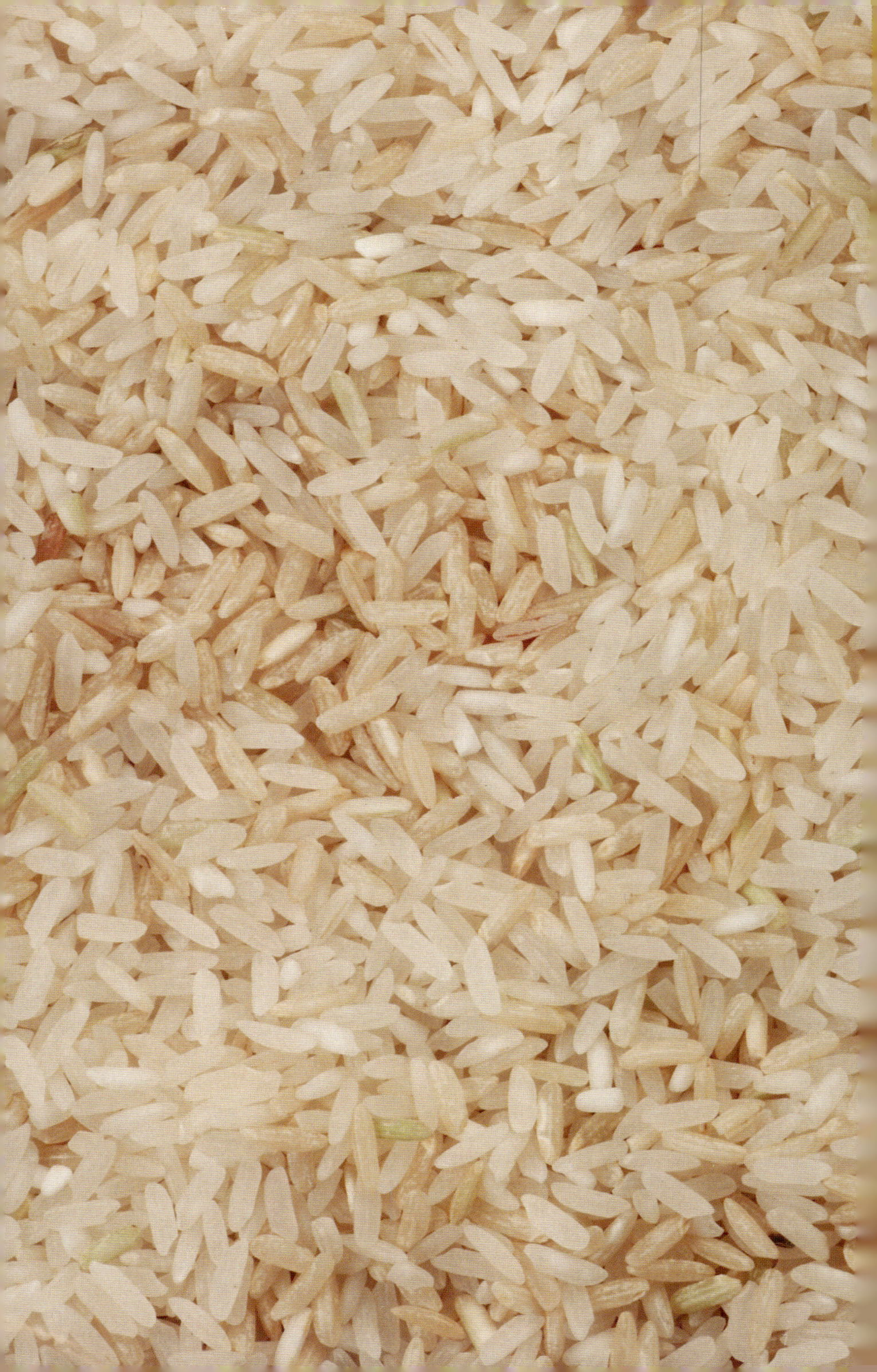

Carbohidratos complejos

ARROZ,
el que siempre está en la mesa

El arroz es el cereal que alimenta a dos terceras partes de la población de nuestro planeta. De bajo costo, siempre disponible y muy completo, el arroz se considera un alimento sano, nutritivo y fácil de digerir, que no ofrece más que beneficios al organismo, a través de sus macronutrientes, carbohidratos y proteínas.

En algunas culturas asiáticas, como la japonesa, la china o la tailandesa, el arroz cumple esa función que el pan desempeña en la dieta europea: simplemente no puede faltar.

El almidón es el nutriente más importante en la composición del arroz, por eso es una excelente fuente de energía. También aporta proteínas cuyos aminoácidos pueden mejorarse al combinarse con alimentos de origen animal, con leguminosas –como fríjoles, garbanzos o lentejas– o con semillas y frutos secos.

El arroz blanco, debido al proceso de refinación al que se somete, no posee los nutrientes que se encuentran en el grano entero, como la fibra, los minerales y las vitaminas. Por ello, resulta mucho más nutritivo consumir el arroz integral o buscar marcas de arroz que especifiquen en su etiqueta que se trata de un producto fortificado.

Entre las dos mil variedades de arroz conocidas, comercialmente se destacan el arroz de grano largo, el arborio (utilizado para el *risotto* italiano), el basmati de la India, aromático y suelto, y el jazmín, de origen tailandés.

Nutrición en equilibrio

Arroz al wok con camarones

INGREDIENTES
para cuatro porciones

2 cucharadas de aceite de oliva
2 cucharadas de aceite de ajonjolí (sésamo)
1 cucharada de cebolla finamente picada
1 ½ cucharaditas de jengibre finamente picado
500 g de camarones
1 zanahoria mediana cortada en rebanadas delgadas
1 pimentón (pimiento, morrón) rojo cortado en triángulos
1/2 calabacín (calabacita, *zucchini*) verde cortado en bastones medianos
1/2 calabacín amarillo cortado en bastones medianos
2 tazas de arroz jazmín o basmati previamente cocido
1 ½ cucharadas de salsa soya (soja)
Sal y pimienta

Decoración
1 ½ cucharadas de hojas de perejil liso

APORTE NUTRICIONAL POR PORCIÓN

Calorías	720
Proteína	37 g
Grasa	16 g
Carbohidratos	123 g

PREPARACIÓN
En un wok caliente los aceites. Añada el jengibre y la cebolla y saltee durante 2 minutos. Añada la zanahoria y el pimiento; saltee 3 minutos más. Agregue el resto de los vegetales, los camarones y la salsa soya, y continúe salteando durante 4 minutos más. Añada sal y pimienta.

Carbohidratos complejos

Incorpore el arroz con una cuchara e integre muy bien todos los ingredientes. Espolvoree con el perejil y sirva inmediatamente. Puede acompañar con salsa soya.

Puede sustituir los camarones de esta receta por tiras de carne de res o de pechuga de pollo. También puede agregar ambas carnes y los camarones.

Nutrición en equilibrio

Croquetas de arroz con queso

INGREDIENTES
para cuatro porciones

4 tazas de arroz cocido
1 taza de crema de leche *light*
1 cucharada de ralladura de limón
4 cucharadas de pimentón (pimiento, morrón) rojo picado
2/3 de taza de queso mozarela *light* rallado
1 taza de queso pera o cacciocavallo *light* rallado
Sal y pimienta
Aceite para freír

APORTE NUTRICIONAL POR PORCIÓN

Calorías	379
Proteína	16 g
Grasa	23 g
Carbohidratos	27 g

PREPARACIÓN

Integre perfectamente todos los ingredientes en un recipiente grande. Haga unas bolas o unos zepelines medianos con la mezcla y déjelos reposar en el refrigerador durante 3 horas. Caliente el aceite y fría las croquetas hasta que hayan tomado un color dorado, cerca de 4 minutos.

Carbohidratos complejos

Esta receta resulta excelente para aprovechar el arroz guardado en el refrigerador. Puede sustituir uno de los quesos por atún, pollo o pescado desmenuzado, o puré de papa, agregando un huevo batido para que aglutine mejor.

Nutrición en equilibrio

Ensalada de arroz con albaricoques

INGREDIENTES
para seis porciones

4 tazas de arroz cocido
2/3 de taza de guisantes (tirabeques, chícharos japoneses) cortados en tiras delgadas
8 cucharadas de pimiento (pimentón, morrón) rojo picado
12 aceitunas verdes cortadas en rodajas
2/3 de taza de almendras tajadas
7 cucharadas de perejil liso
3 cucharadas de jugo de naranja
5 cucharadas de aceite de oliva
8 albaricoques deshidratados cortados en cuartos
10 puntas de espárragos cocidas
1 ½ cucharadas de ralladura de naranja
Sal y pimienta

APORTE NUTRICIONAL POR PORCIÓN	
Calorías	475
Proteína	10 g
Grasa	23 g
Carbohidratos	61 g

PREPARACIÓN

Ponga a cocer los guisantes en una olla con agua hirviendo durante 2 minutos. Cuélelos y llévelos a una vasija llena de agua con hielo para detener la cocción. Siga el mismo procedimiento con los espárragos, pero déjelos cocinar por 5 minutos.
En una ensaladera, mezcle el arroz con todos los ingredientes.

Carbohidratos complejos

Esta ensalada fría es ideal para días calurosos, para aprovechar los alimentos que tenemos en la alacena y la nevera. Admite múltiples adiciones, como cubitos de jamón o atún.

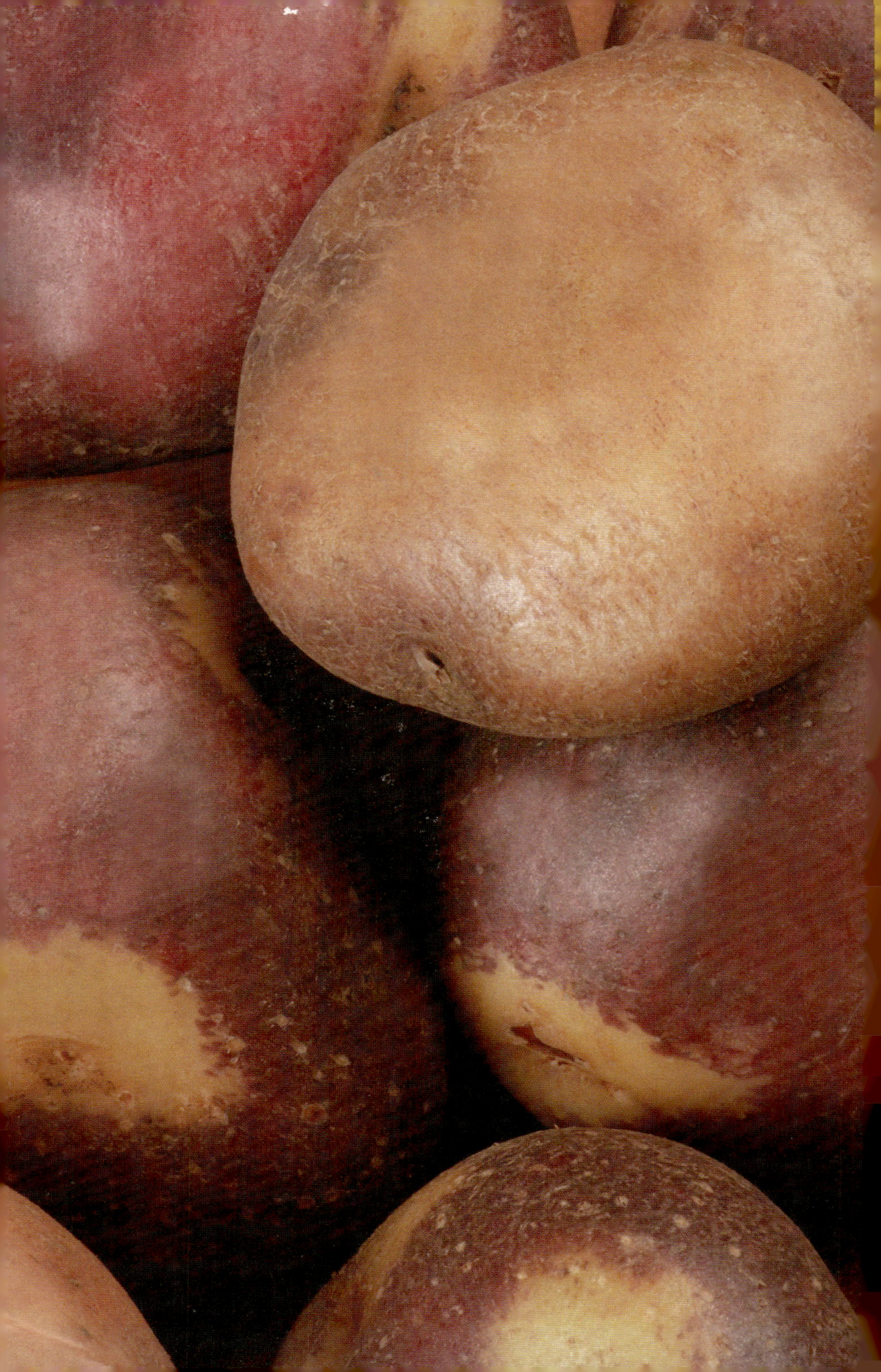

Carbohidratos complejos

PAPA, muchas variedades y beneficios

Después de los cereales, y desde el punto de vista de su producción y consumo, la papa es el principal alimento de la humanidad. Consumida en todos los continentes y parte indispensable de la dieta de muchos países del norte de Europa y de la América andina, la papa es un alimento completo, versátil y sabroso, que aporta carbohidratos, vitaminas y minerales.

La papa es un tubérculo que funciona como depósito de los nutrientes que permiten a la planta que la produce subsistir y reproducirse. Las papas están constituidas principalmente por almidón y para poder romper sus cadenas es indispensable cocerlas, con el fin de que nuestro organismo sea capaz de digerirlo en un 90%.

Aunque sus almidones proporcionan energía, las papas son muy bajas en calorías: 100 g aportan solamente 86. Entre sus nutrientes se destaca la presencia de la vitamina C y cantidades significativas de las vitaminas B_1, B_3 y B_6, e igualmente de minerales como potasio, fósforo, magnesio y hierro.

Aunque las papas son un alimento muy nutritivo, es necesario equilibrar su presencia en la dieta mediante la integración de otras hortalizas, preferiblemente frescas, y alimentos que contengan cereales integrales. Esto garantiza la ingesta de, entre otros nutrientes, fibra dietética.

Nutrición en equilibrio

Croquetas de papa con variedad de nueces

INGREDIENTES
para ocho porciones

4 papas medianas peladas
1 hoja de laurel
1 cucharadita de sal
1/2 cucharada de mostaza
1 huevo
1/2 taza de nueces picadas variadas
Sal y pimienta
1 taza de harina de trigo
Aceite para freir

APORTE NUTRICIONAL POR PORCIÓN	
Calorías	344
Proteína	12 g
Grasa	21 g
Carbohidratos	32 g

PREPARACIÓN

Cueza las papas en una olla con agua, la hoja de laurel y sal. Cocine a fuego medio hasta que estén tiernas. Pélelas y páselas por un pasapuré. Luego, incorpore el huevo al puré, la mostaza, las nueces, la sal y la pimienta. Forme las croquetas y páselas por la harina, sacudiendo el exceso. Déjelas reposar en refrigeración durante 2 horas.

Carbohidratos complejos

Fría las croquetas en el aceite caliente hasta que tomen un color dorado.

Si desea, puede añadir una taza de jamón picado o una lata de atún desmenuzado a estas croquetas. Para acompañar, nada mejor que una ensalada fresca de lechugas y tomates.

Nutrición en equilibrio

Cáscaras de papa rellenas

INGREDIENTES
para cuatro porciones

4 papas medianas cocidas con todo y piel

Para el relleno
4 tazas de espinacas cortadas en tiras delgadas
4 cucharadas de crema de leche
1 cucharadita de mostaza de Dijon
1/8 de cucharadita de nuez moscada
Sal y pimienta al gusto
300 g de tocineta (tocino, *bacon*) de pavo picada
2 tazas de queso mozarela rallado

Decoración
4 tomates cherry cortados por la mitad
8 ramas pequeñas de romero

APORTE NUTRICIONAL POR PORCIÓN	
Calorías	313
Proteína	21 g
Grasa	20 g
Carbohidratos	16 g

PREPARACIÓN
Caliente el horno a 190 °C (375 °F). Corte las papas por la mitad y retire el relleno con una cuchara.
Para el relleno. Agregue a una olla la crema de leche, la nuez moscada y las espinacas; deje cocer por 3 minutos o hasta que la espinaca esté blanda. Aparte, lleve los pedazos de tocineta al microondas o a una sartén y fríalos hasta que estén crocantes.

Carbohidratos complejos

Para armar, disponga la tocineta en el fondo de cada papa. Distribuya la espinaca, cubra con el queso y hornee hasta que se haya derretido. Sirva en una bandeja y decore poniendo medio tomate y unas hojitas de romero en el centro de cada papa.

Si desea reducir el contenido de grasa de esta receta, sustituya las cuatro tazas de crema de leche por dos de yogur natural bajo en grasa y dos de crema de leche *light*.

Nutrición en equilibrio

Sopa de papa y puerro

INGREDIENTES
para cuatro porciones

750 g de puerro (poro, ajoporo) cortado en rodajas (sólo la parte blanca)
3 tazas de cebolla cortada en rodajas delgadas
3 cucharadas de mantequilla
3 cucharadas de aceite de oliva o de canola
2 ½ tazas de papa pelada y cortada en cubos medianos
3 tazas de agua
4 tazas de caldo de pollo (preferiblemente hecho en casa)
3/4 de taza de crema de leche
Sal y pimienta al gusto

Decoración
4 tostadas de pan integral cortadas en rectángulos medianos
1/3 de taza de pepino (cohombro, cocombro) picado
1/4 de taza de aguacate (palta) picado
1/2 cucharadita de eneldo finamente picado
1 ½ cucharaditas de aceite de oliva
Sal y pimienta

APORTE NUTRICIONAL POR PORCIÓN	
Calorías	625
Proteína	2 g
Grasa	48 g
Carbohidratos	13 g

PREPARACIÓN
En una olla, caliente el aceite y derrita la mantequilla. Sofría el puerro y la cebolla a fuego medio durante 8 minutos. Añada la papa, el caldo y el agua; continúe la cocción hasta que la papa esté tierna. Licue la mezcla y cuele; llévela nuevamente a la olla, agregue la crema de leche y cocine hasta que esté ligeramente espesa. Añada sal y pimienta.

Carbohidratos complejos

Aparte, mezcle el pepino, el aguacate y el eneldo en un recipiente. Incorpore el aceite y agregue la sal y pimienta. Distribuya la mezcla sobre las tostaditas de pan. Sirva la sopa y ponga encima las tostadas junto con el picadillo de pepino y aguacate.

La papa tiende a dañarse rápidamente, por ello, si no piensa consumir esta sopa en los dos días siguientes a su elaboración, es mejor congelarla.

Glosario

>> **ANTIOXIDANTES:** sustancias químicas de naturaleza variada que se encuentran en las vitaminas, minerales, enzimas y fitoquímicos, cuya presencia ayuda a neutralizar la acción de los radicales libres que, en exceso, provocan daño celular.

>> **DIABETES:** desorden en el cual el páncreas no produce suficiente insulina, una hormona que ayuda a que la glucosa (una forma de azúcar) llegue a las células del cuerpo. Esta insuficiencia hace que la glucosa se quede en la sangre, lo cual ocasiona diversos padecimientos graves. La diabetes mellitus o tipo 2 es la más común; la dieta es esencial para su control.

>> **EDULCORAR:** endulzar.

>> **FOLATOS:** grupo de compuestos similares química y nutricionalmente al ácido fólico o vitamina B_9.

>> **GLÚCIDOS:** otra forma de denominar a los carbohidratos. Deriva de glucosa, cuya raíz griega, *glykys*, significa *dulce*.

>> **GLUCOSA:** es la fuente básica de energía para el metabolismo celular y se obtiene a través de los carbohidratos. Se almacena en el hígado.

>> **GLUTEN:** proteína que se encuentra combinada con el almidón en los granos de la mayoría de los cereales y que aporta la consistencia elástica del pan y la pasta. Algunas personas son alérgicas o intolerantes al gluten (enfermedad celiaca). Algunos cereales libres de gluten: arroz, maíz, avena y quinoa.

>> **ÍNDICE GLUCÉMICO:** representa la velocidad en que cada alimento ingerido libera glucosa y eleva el nivel de glucemia o glucosa en sangre, lo cual se conoce como respuesta glucémica.

>> **LEGUMINOSAS:** plantas cuyos frutos presentan forma de vaina y en cuyo interior se encuentran sus semillas a las que se designa como legumbres.

Bibliografía

- Gray, Juliet. *Hidratos de carbono: aspectos nutricionales y de salud*, Bruselas, ILSI Europa, Serie de monografías, 2005.
- Insel, P., R. Turner y D. Ross. *Nutrition*, American Dietetic Association, Segunda edición, 2004.
- USDA. "Nutritive Value on Foods", en: *Home and Garden*, Bulletin No. 72, Washington, 2002.